Quart Verlag Luzern   Anthologie 32

Roman Hutter

T0287814

Roman Hutter
32. Band der Reihe Anthologie

Herausgeber: Heinz Wirz, Luzern
Konzept: Heinz Wirz; Roman Hutter, Luzern
Projektleitung: Quart Verlag, Linus Wirz
Textlektorat: Kirsten Rachowiak, München
Fotos: Markus Käch, Emmenbrücke. Ausser: Archiv Roman Hutter
S. 33, 41–43, 47, 51, 55
Visualisierungen: Roman Hutter S. 40, 46, 48, 50, 52–57
Grafische Umsetzung: Quart Verlag, Linus Wirz
Lithos: Printeria, Luzern
Druck: DZA Druckerei zu Altenburg GmbH

Quart Verlag GmbH
Denkmalstrasse 2, CH-6006 Luzern
www.quart.ch

Für Mareika, Marie Therese und Hans Ruedi

Anthologie 32 – Notat

Heinz Wirz

Indem Martin Heidegger über das Wohnen nachdenkt, bringt er das Bauen als Pflegen des Wachstums mit dem Errichten von Bauten in eine nahe Beziehung zueinander – und beide sind eng mit dem Ort verbunden. In diesem Geist sind auch die hier vorgestellten vier Wohnbauten im Oberwallis entstanden. Weder die allgemeine zeitgenössische Architektursprache, noch eine individuelle Formensprache sind Referenz und Inspirationsquelle, sondern die über Jahrhunderte an diesen Orten gewachsenen Holzbauten in der traditionellen Blockbauweise. Es ist ein respektvolles, behutsames Weiterbauen der Siedlung und des Ortes. Immer steht die strenge Struktur im Grundriss, die aus den statischen und materialtechnischen Voraussetzungen historisch entstanden ist, zur Disposition. Darin eingeschrieben wird die zeitgenössische Wohnnutzung. Das architektonische Konzept beruht nun darauf, die Einheit und Übereinstimmung des Materials im Inneren und Äusseren zu fördern und zu überhöhen. Die starke Einheit des Materials erzeugt eine gleichsam symphonische Wirkung und zeichnet so die Bauten aus.

Die Baukultur dieser Bergwelt hat Roman Hutter, der in Münster im Oberwallis aufgewachsen ist, als Kind und Jugendlicher kennen- und schätzen gelernt. Seine Ausbildung als Architekt hat ihn später nach Luzern in eine urbanere Welt geführt. Hier entstehen nun Gebäude, die nicht mehr ausschliesslich in Holz konstruiert sind und die eine andere Anmutung haben. Diese sind jedoch in derselben architektonischen Haltung entworfen wie die ersten Bauwerke im Oberwallis. So nimmt das Projekt des Alterszentrums in Sursee etwa die typischen Mauern aus verschiedenen Zeitepochen als ein primäres architektonisches Element auf. In der Materialwahl und der Farbgebung bezieht sich das Projekt wiederum auf die bauliche Umgebung, sodass sich das Gebäude diskret in die urbane Umgebung einfügt. So empfängt schliesslich das Bauwerk im Sinne Heideggers «sein Wesen» gleichsam aus der Poesie des Ortes.

Luzern, im August 2015

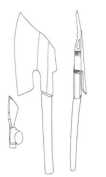

Aus dem Ort schöpfen
Persönliche Gedanken
Roman Hutter

Die Kinder- und Jugendjahre durfte ich in den Walliser Bergen verbringen. Eine Lebensschule, die meine bisherige Arbeit nachhaltig geprägt hat und dies auch weiterhin tun wird.

Münster ist ein typisches Gommer-Dorf mit grossem Bestand alter Wohn- und Ökonomiegebäude. Von der Sonne schwarz gebrannt stehen die Häuser dicht an dicht in der erhabenen Landschaft und scheinen sehr viel Zeit zu haben.

Die Architekturschule genoss ich in Luzern. Die Häuser dort sind stattlicher, der Talboden ist bedeckt von einem majestätischen See. Die Sicht von aussen auf meine Heimat öffnete mir den Blick für den unglaublichen Reichtum – eine Baukultur, die sich über Jahrhunderte hinweg entwickelt hat und perfekter nicht sein könnte.

Heute scheint die Blütezeit im Goms wie auch andernorts längst vorüber zu sein. Dieser Umstand und die grosse Achtung für meine Vorfahren sind Motivation und Wille, dem Ort etwas zurückzugeben. Jeder Eingriff in die sensible Landschaft bedarf einer Auseinandersetzung mit dem, was über die Jahre in langsamen Schritten entstanden ist. Es gilt, gekonnt zu ergänzen und nicht selbstgefällig zu handeln. Respekt, Sorgfalt und Zurückhaltung sind dabei unerlässliche Tugenden.

Was die alten Häuser im Goms auszeichnet, ist deren Handwerklichkeit. Zum einen waren dies geübte Handgriffe und der korrekte Umgang mit dem Werkzeug. Zum anderen kann in den Häusern ein enormes Wissen erahnt werden, welches von Generation zu Generation weitergegeben wurde. Dies geschah nicht in der Theorie, sondern im Tun. Das scheint mir einer der Gründe zu sein, weshalb dieses Wissen heute mehr und mehr verloren geht. Wird das Handwerk nicht gepflegt, so verschwindet es unaufhaltsam.

Ferner fasziniert der Umgang mit dem Material. Materialien wurden stets aus dem Ort und seiner Umgebung verwendet – man hatte schliesslich keine andere Wahl. Die heutige Materialvielfalt erstickt die Suche nach einer materialgerechten Anwendung. Das Handwerk kämpft mit dem Vorwurf, nicht ökonomisch zu sein. Dies ist ein Resultat aus der mangelnden Nachfrage. Wäre das Handwerk künftig wieder vermehrt gefragt, so könnte es sein Nischendasein überwinden.

Es liegt auf der Hand, dass man dort, wo mit Holz gebaut wurde, auch weiterhin mit Holz bauen sollte. Und dort, wo mit Stein gebaut wurde, sollte weiterhin mit Stein gebaut werden. Steht das Material fest, so eröffnet sich die Frage nach einer geeigneten Struktur des Gebäudes.

Auch hier antwortet der Ort oftmals präzise und unmissverständlich. Ein Haus im Wissen seiner Materialität und Struktur zu denken, verhilft zu einem sinnhaften Handeln. Dann verkommen Material und Struktur nicht zur Oberflächlichkeit oder gar zur Dekoration. Sie helfen, das Bauwerk zu verstehen. Was nachvollziehbar ist und einer gewissen Ordnung folgt, kann auch Gefallen finden. So unterliegt die Gestalt des Gebäudes seinen Regeln und resultiert nicht aus einer Beliebigkeit heraus.

In unseren ersten Arbeiten war es die Holzblockbauweise, mit der wir uns auseinandersetzen durften. Hierbei fasziniert das Material, dessen Geruch und Lebendigkeit. Dazu kommt die präzise Struktur, Balken um Balken aufeinanderliegend. Und nicht zuletzt die Ehrlichkeit, die eine solche Konstruktion ausstrahlt. Das Material darf seine Präsenz und Atmosphäre entfalten, die Struktur darf sichtbar und unaufgeregt sein, das Haus darf Haus sein, und dies für einige Hundert Jahre. Letzteres unterstreicht den Willen, ein Haus nicht zu gestalten, sondern seine Gestalt zu suchen.

All dies meint: aus dem Ort schöpfen. Der Ort kann ein Dorf oder eine Stadt sein, entscheidend ist nicht die Grösse, sondern dessen Reichtum. Ein Fundus, den es zu entdecken gilt, bevor man sich an eine Form herantastet. Sich als Architekt weniger wichtig nehmen und sich dem grossen Ganzen verpflichtet fühlen, sodass die Eigenheiten und die Vielfalt unserer Landschaft erhalten bleiben.

Abbildungen Seiten 6/7. Aus: Die Bauernhäuser des Kantons Wallis. Wilhelm Egloff & Annemarie Egloff-Bodmer. Schweizer Gesellschaft für Volkskunde. Basel 1987

Wohnhaus, Reckingen
2010–2012

Die vorgefundene Bebauungsstruktur entspricht dem typischen Bild einer gewachsenen Dorflandschaft im Goms. Dieser Logik folgend gliedern sich das Wohnhaus und das Nebengebäude in die Umgebung ein. Die Beziehung der beiden Neubauten sowie ihre Nähe zueinander bilden ein wichtiges Merkmal der gewachsenen, sehr dichten Siedlungsstruktur.

Das dem Holzblockbau eigene Kammersystem wird entsprechend der jeweiligen Raumnutzung in unterschiedlicher Weise ausformuliert. Der Eingangsraum im Erdgeschoss ist mit dem Gartenraum verbunden und schafft eine aus der Situation heraus resultierende räumliche Verschränkung. Die räumliche Dichte im Obergeschoss ist kohärent zu dessen Bestimmung als Schlafgeschoss. Die beiden Schlafkammern teilen sich die gemeinsame Nasszelle. Es entsteht ein Rundumlauf, welcher dem Haus eine überraschende Grosszügigkeit verleiht. Im Dachgeschoss öffnet sich der Raum in der ganzen Ausdehnung des Hauses. Von hier aus geniesst man einen Weitblick talabwärts und talaufwärts.

Die Holzblockbauweise ist bestimmend für die Struktur und Materialität des Gebäudes. Neben den Blockbauwänden, die sichtbar ins Innere des Hauses führen, wurden sämtliche Oberflächen in Holz ausgeführt. Dabei wird mit der vertikalen Laufrichtung der Bretter darauf verwiesen, dass es sich nicht um die eigentliche Struktur, sondern um eine Verkleidung handelt. Für den Blockbau wurde das wenig «arbeitende» Fichtenholz gewählt. Das beständigere Lärchenholz fand bei allen exponierten Stellen Anwendung wie beispielsweise den Fenstern, den Fensterpfosten und -bänken. Um die Küche von der Fichtenverkleidung abzuheben und deren Strapazierfähigkeit zu erhöhen, wurde Ahornholz gewählt. Alle Holzoberflächen an Wänden und Decken sind naturbelassen. Lediglich die Böden und die Massivholzküche wurden geseift.

Das nur leicht abfallende Terrain bleibt bestehen und umspült die Bauten mit ortstypischer Wiesenbepflanzung. Einzig die Zugänge sind mit Blaukies befestigt.

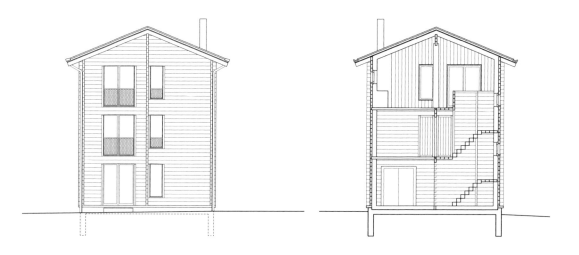

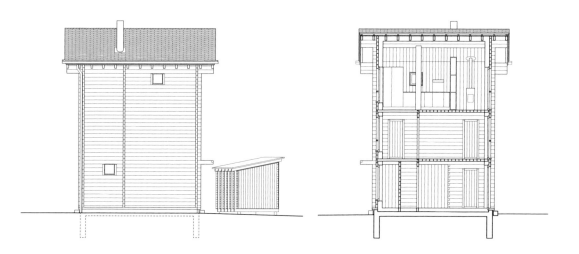

14

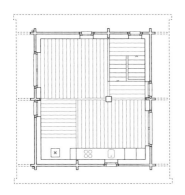

Auftragsart: Direktauftrag
Konstruktion: Holzblock-
bauweise in Fichte und
Lärche
Team: Roman Hutter,
Harry Heyck
Holzbau: Holzbau Weger,
Münster
Küchenbau: Lindauer,
Steinen

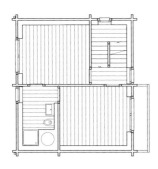

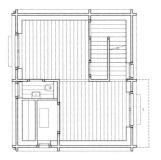

5 m

Atelierhaus, Reckingen
2011–2012

Das Atelierhaus befindet sich am locker besiedelten nördlichen Dorfrand von Reckingen. Nur einen Steinwurf entfernt liegt eine typisch ge-
wachsene Siedlung in Holzblockbauweise. Das Atelierhaus eignet sich
die konstruktive Logik dieser prägenden Bauweise an, legt diese aber
entsprechend den Anforderungen der Bauherrschaft neu aus.
Um den Holzbau vor Feuchtigkeit zu schützen, wird dieser auf einen
Betonsockel gelagert, welcher gleichzeitig das Erdgeschoss umschliesst.
Die Innenwände dieses untersten Geschosses sind Teil des Holzbaus.
Dieser dehnt sich von oben herab in die durch Sockelwände gebildete
Betonwanne und verströmt bereits beim Betreten des Hauses die für
einen Holzbau charakteristische Wärme und Atmosphäre. Für den Blockbau wurde Lärchenholz verwendet, ebenso für die Fenster und Einbauten.
Die sich ins Gebäudeinnere fortsetzenden Blockbauwände bleiben stets
sichtbar. Die innengedämmten Aussenwände hingegen sind raumseitig
verkleidet und mit grau eingefärbtem Sumpfkalk verputzt. So entsteht
ein kontrastreiches Wechselspiel zwischen mineralischen und organi-
schen Oberflächen. Die konstruktiv bedingten Schattenfugen an den
Materialübergängen verweisen dabei unmissverständlich auf deren «be-
kleidenden» Charakter.
In einer für den Blockbau typischen Kammerung ist das Erdgeschoss sym-
metrisch in die Erschliessungszone und vier gleich grosse Räume un-
terteilt. Darin finden sich zwei Ateliers, ein Bad und der Technikraum.
Nach oben hin löst sich das Raumgefüge entsprechend der jeweiligen
Nutzung kontinuierlich auf, sodass sich unter der Dachschräge schliesslich
ein überhohes Piano nobile aufspannt. Von hier aus gelangt man auf den
Balkon, welcher die ganze Breite der Hauptfassade einnimmt und mit
seinen windgeschützten Sitzbänken zum Verweilen einlädt.

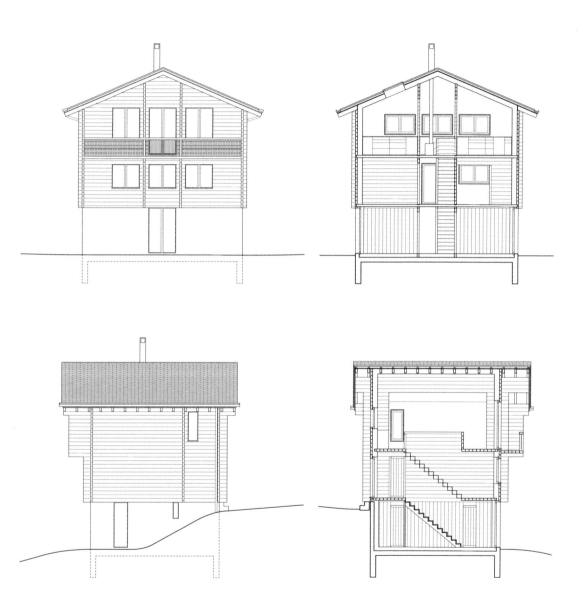

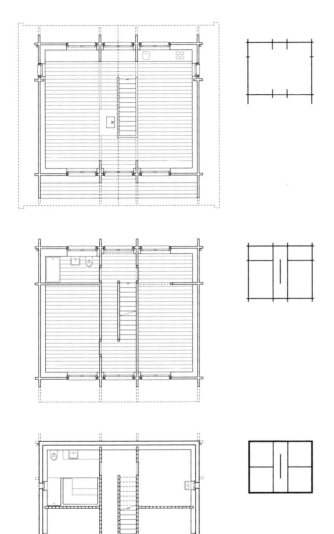

Auftragsart: Direktauftrag
Konstruktion: Holzblock-
bauweise in Lärche
Team: Roman Hutter,
Harry Heyck, Carola Wiese
Holzbau: Holzbau Weger,
Münster

5 m

Wohnhaus, Münster
2011–2013

Das Wohnhaus befindet sich am nordöstlichen Dorfrand von Münster. Das Erdgeschoss aus Sichtbeton manifestiert den Sockel und trägt die zweigeschossige Holzkonstruktion. Durch ein Splitlevel wird die Hanglage optimal genutzt und der Eingriff in die Topografie gering gehalten. Ein schmaler, strassenseitig gelegener Weg aus Guber-Pflastersteinen führt durch die Wiese an den Westeingang des Hauses. In Südwestrichtung öffnet sich ein Sommersitzplatz, welcher weiter zum Südeingang des Hauses leitet. Über den Südeingang betritt man schliesslich das Erdgeschoss, welches ein Gästezimmer, das Gästebad und den Technikraum aufnimmt. Der westliche Eingangsbereich führt auf ein Zwischenpodest, von dem aus man über eine kurze Treppe in das grosszügige Esszimmer mit angrenzender überhoher Küche gelangt. Der intimere und erhöhte Wohnbereich ist über zwei Tritte erreichbar. Derselbe Niveausprung wiederholt sich im dritten Geschoss zwischen den beiden Schlafkammern, welche sich ein gemeinsames Bad teilen.

Für den Blockbau und die Einbaumöbel wurde Lärchenholz verwendet. Die tiefschwarze Küche aus termisch behandelter Buche kontrastiert zum Lärchenholz und den puschkingrünen Lehmwänden und ist eine Referenz an die russigen Kochstellen der alten Bauernhäuser im Dorf.

Durch unterschiedliche Raumhöhen erfährt das Haus eine vertikale Verschränkung der Räume, welche bis ins Dachgeschoss zu spüren ist und an den Raumplan von Adolf Loos erinnert. Die spannungsvolle Raumabfolge zeichnet sich auch an der Fassade ab. So bilden das Äussere und das Innere eine Einheit.

Lits à tiroir. Aus: Die Bauernhäuser des Kantons Wallis. Wilhelm Egloff & Annemarie Egloff-Bodmer. Schweizer Gesellschaft für Volkskunde. Basel 1987

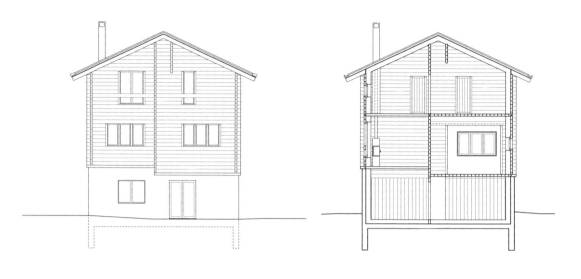

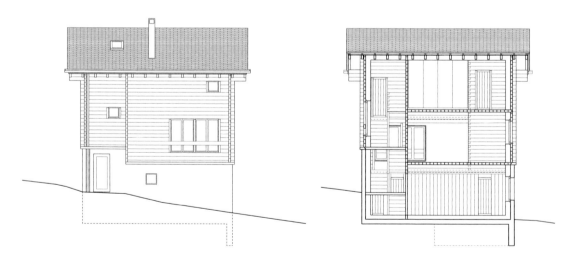

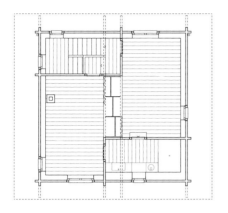

Auftragsart: Direktauftrag
Konstruktion: Holzblock-
bauweise in Lärche
Team: Roman Hutter,
Anne Janzen, Stefanie
Girsberger
Holzbau: Holzbau Weger,
Münster
Küchenbau: Lindauer,
Steinen
Lehmbau: Theo auf der
Maur, Steinen

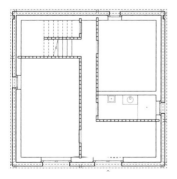

5 m

Sanierung Heidenhaus, Münster
2012–2014

Das Heidenhaus in Münster aus dem Jahre 1448 zeugt eindrücklich da-
von, wie ein Haus, welches nach höchstem handwerklichen Geschick
und einer materialgerechten Bauweise errichtet wurde, weit über 500
Jahre bestehen konnte.

Bei dessen Sanierung wurden die Qualitäten der bestehenden Struktur
unterstrichen und sinnvoll ergänzt. Die Anbauten, welche über die Jahre
hinzugekommen waren, durften einer neuen Riegelkonstruktion weichen.
Innen wurden die alten Blockbauwände wo möglich freigelegt und ge-
reinigt. Bei der Entfernung der bestehenden Wandverkleidungen kam
die eine oder andere Überraschung ans Tageslicht, die von der langen
Geschichte des Hauses erzählte.

Wichtig war es insbesondere, die typische Gliederung von Vorder- und
Hinterhaus sichtbar zu machen. Aus diesem Grund wurden die Räume
im Hinterhaus mithilfe von Einbaumöbeln zoniert, sodass ein fliessender
Raumeindruck entstehen konnte.

Im Zentrum manifestieren sich die beiden Giltsteinöfen, welche aufwen-
dig saniert wurden. So kann man sich auch heute wieder an der wohligen
Wärme und dem dumpfen Knistern des Feuers erfreuen. Eine weitere
Heizung gibt es nicht im Haus. Das Warmwasser bereiten Sonnenkol-
lektoren auf.

Der Innenausbau ist in Fichte gefertigt – als bewusster Kontrast zu den
dunklen Blockbauwänden. Eine Ausnahme bildet die Küche, welche wie
eine Kommode in den Raum gestellt wurde. Aussen dominiert das beständigere Lärchenholz. Sägerohe Bretter sind in ihrer maximalen Breite
stumpf gestossen und deren Fugen mit einer Deckleiste geschlossen.
Diese Vielschichtigkeit wurde auch für die Innenverkleidungen gewählt.
Dadurch erhalten die neuen Flächen eine Tiefe, wie diese im furchigen
und unebenen Altholz ebenfalls zu finden ist. Das untypische Blechdach
konnte durch ein traditionelles Schindeldach ersetzt werden.

Das Haus schenkt nun wieder mehreren Generationen Schutz und
Raum.

Historische Aufnahme

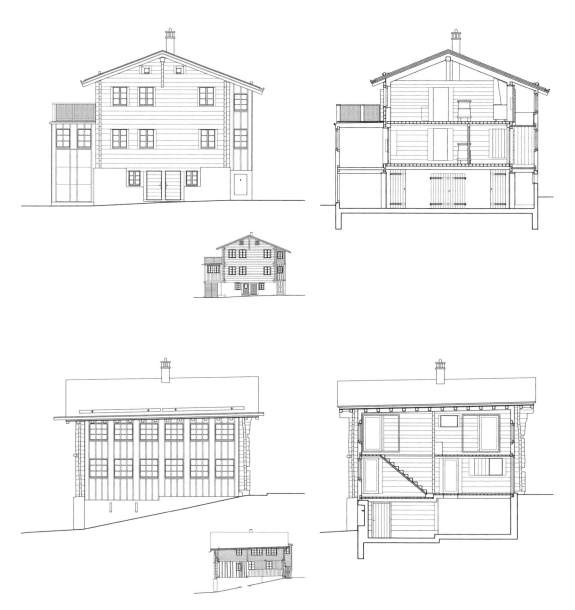

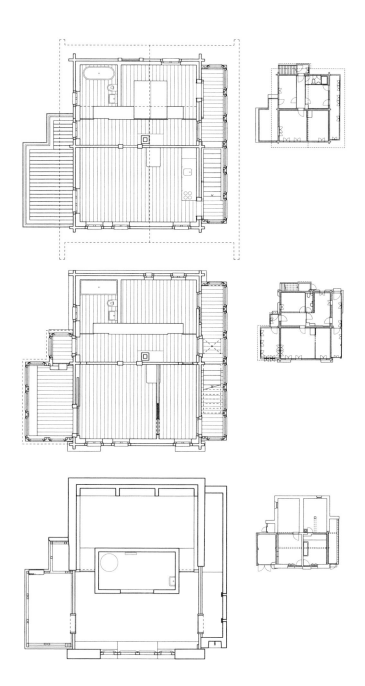

Auftragsart: Direktauftrag
Konstruktion: Holzblock-
bau- und Riegelbauweise
Team: Roman Hutter,
Harry Heyck, Erva Akyildiz
Holzbau: Holzbau Weger,
Münster
Ofenbau: Hafnerei Roth,
Rifferswil

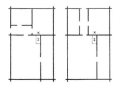

Zwei typische Grundriss-
typologien. Im Zentrum
der Giltsteinofen, ge-
feuert aus der Küche im
Hinterhaus und Stube und
Kammer im Vorderhaus.
Aus: Die Bauernhäuser des
Kantons Wallis. Wilhelm
Egloff & Annemarie
Egloff-Bodmer. Schweizer
Gesellschaft für Volkskunde.
Basel 1987

5 m

Alterszentrum, Sursee
2013–2016

Die Stadt Sursee ist geprägt von Mauern aus verschiedenen Zeitepochen. Was früher vornehmlich dem Schutz der Bewohner diente, erweist sich heute als stimmungsvolles Stadtelement.

Das städtebauliche Projekt baut auf einem Geviert aus Mauern auf, mit fünf Gebäuden, die jeweils die Ränder und Ecken besetzen. Die Mauern umfassen grosszügige Gärten, welche geschützt sind vor Lärm und der Bewohnerschaft Geborgenheit schenken. Es entstehen qualitätsvolle Aussenräume, wie sie im Stadtzentrum oder im benachbarten Kloster zu entdecken sind. Der Entwurf sieht ein prägendes Gebäudeensemble vor, welches das Stadtbild stärken und sich mit der Altstadt verbinden soll.

Stadtcafé Sursee

Eines der fünf Baufelder umfasst die Erweiterung des benachbarten Alterszentrums. Der fünfgeschossige Gebäudekörper zeichnet sich durch klassische Themen wie Sockel und Dach aus. Die Farbigkeit nimmt sich zurück, um die Nähe zum Alterszentrum und dem benachbarten Kloster zu suchen.

Das Erdgeschoss nimmt eine Wohngruppe für Menschen mit Demenz auf. Vorgelagert ist ein grosser, üppig bepflanzter Garten, der ganzjährig als Wohnraumerweiterung dient. In den oberen Geschossen finden sich pro Stockwerk je fünf altersgerechte Wohnungen und ein Studio. Auch hier übernimmt der Aussenraum die Funktion, den Bewohnern den Bezug nach aussen zu erleichtern. Selbst im Winter wird durch die geschlossenen Markisen eine Raumschicht geschaffen, welche die Wohnräume grosszügiger erscheinen lässt.

Sankturbanhof Sursee

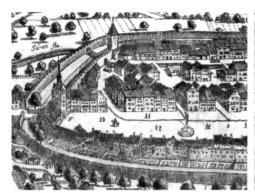 

Sursee Merian

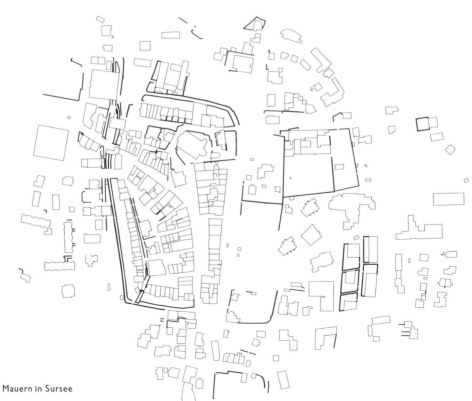

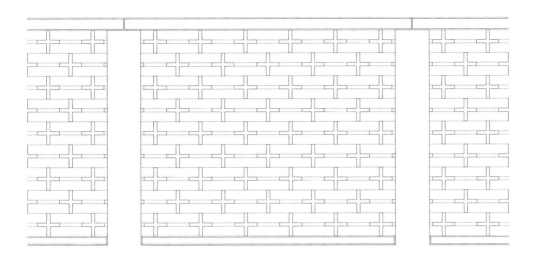

Mauertektonik für das Alterszentrum

1.5 m

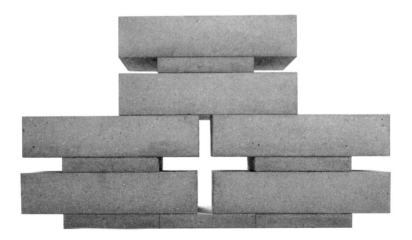

Betonmauersteine

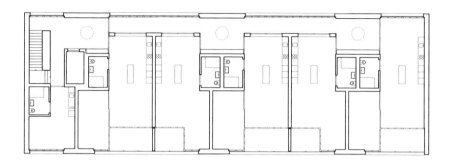

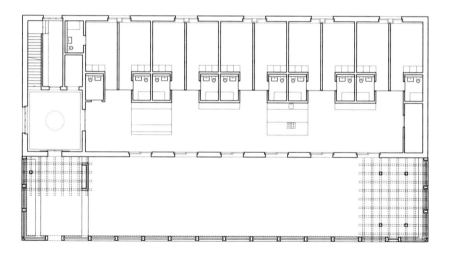

10 m

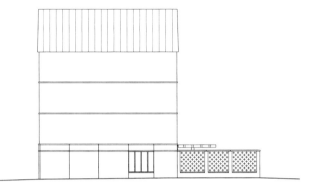

Auftraggeber: Stadt Sursee
Auftragsart:
Wettbewerb, 1. Rang
Team: Roman Hutter,
Harry Heyck, Stefan Roos,
Inigo Aya, Erva Akyildiz
Landschaftsarchitektur:
Fahrni Landschaftsarchi-
tekten, Luzern
Kostenplanung und
Bauleitung: Leuenberger
Architekten, Sursee
Bauingenieur: Hansjörg
Bosshard, Schenkon
Haustechnikplanung:
Schär + Egli, Sursee
Sanitärplanung:
Keller, Sursee
Elektroplanung:
Wey + Partner, Sursee

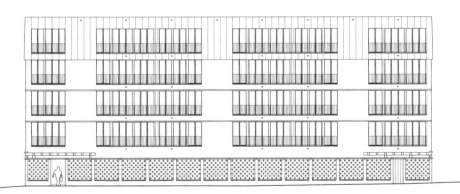

Wohnhäuser Schönbühl, Emmen
2015–2017

Das bestehende «Heubächlein» teilt das Grundstück in zwei Bereiche. Dieser Umstand wurde genutzt, um den beiden Bedürfnissen nach «Wohnraum» und «Freiraum» ihren spezifischen Ort zu geben.

Die beiden Häuser liegen auf einem gemeinsamen Sockel, der die Topografie in selbstverständlicher Weise überwindet. Die beiden Volumen sind so geformt, dass sie die Massstäblichkeit der Umgebung aufnehmen, sich die Landschaft mit den Gebäuden verzahnen kann und interessante Durchblicke entstehen.

Jede Wohnung verfügt über einen zentralen grosszügigen Eingangsraum. Von diesem aus gelangt man in den Wohn- und Essraum bzw. in die Schlafräume. Sowohl die Wohnräume als auch die Schlafräume orientieren sich nach beiden Hauptseiten des Gebäudes, sodass Morgen- wie Abendsonne die Räume erhellen. Alle Wohnungen profitieren von einer dreiseitigen Ausrichtung.

Die gedeckten Aussenräume der Wohnungen sind den Gebäudevolumen vorgelagert. Mithilfe von textilen Vorhängen können Aus- und Einblicke individuell reguliert werden.

Auf einem Betonsockel ruhend, manifestieren sich die beiden Häuser in massiver Bauweise. Es wurde viel Wert auf ökologische, langlebige und sinnliche Materialien gelegt. Die Aussenwände sind mit einem Wärmedämmbackstein gemauert und mit Klinkersteinen «bekleidet» (in Anlehnung an Gottfried Semper). Die Terrassen sind den massiven Gebäudekörpern in Form einer filigranen Metallkonstruktion vorgelagert. Diese ruhen auf den auskragenden Betondecken des Untergeschosses. Holzdielen tragen sowohl im Aussenraum wie auch in den Wohnräumen zu einer warmen Atmosphäre bei.

Während die Struktur in der Vertikalen kohärent und somit effizient übereinanderliegt, variiert das Volumen in der Horizontalen zugunsten des Städtebaus und der Wohnqualität.

Situationsmodell 1:500

Strukturmodell 1:200

Arbeitsmodell 1:20

20 m

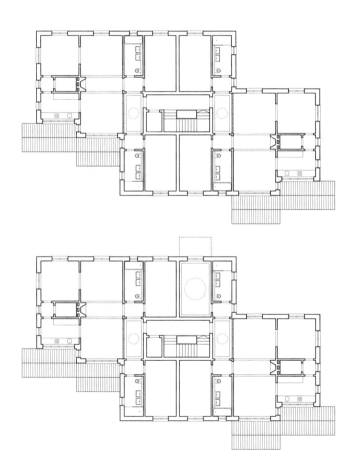

Auftraggeber:
Brun AG, Emmenbrücke
Auftragsart:
Wettbewerb, 1. Rang
Konstruktion:
Einsteinmauerwerk
Team: Roman Hutter,
Anne Janzen, Harry Heyck,
Sara Sampaio
Landschaftsarchitektur:
Fahrni Landschaftsarchi-
tekten, Luzern

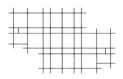

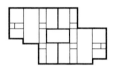

10 m

Raiffeisenbank, Unteriberg
2015–2017

Die Gestalt der neuen Raiffeisenbank nimmt Bezug auf die Baukultur des Ortes. Mit Sorgfalt und ohne jegliche Überheblichkeit integriert sich der Neubau in den Dorfkern von Unteriberg, den die Einwohner als neuen Bestandteil der Dorfmitte wahrnehmen. An prominenter Lage bildet das vertraute Bild einer Giebelfassade die repräsentative Adresse der Bank. Dieses Motiv betont auch den Zugang zu den Wohnungen.

Zu jeder Seite der polygonalen Grundform sind orthogonale Räume vorgesehen. Zwischen ihnen spannt sich ein Raum auf, der als Erschliessungs- und Begegnungszone dient. Die Flächen weiten und verengen sich und lassen von mehreren Seiten Licht ins Zentrum rücken.

Als geeignetes Konstruktionsprinzip bietet sich die Hybridbauweise an. Die Ausführung sämtlicher Decken und tragenden Innenwände erfolgt in einer Massivbauweise. Für die Aussenhülle ist eine Holzkonstruktion vorgesehen, wobei die Fassadenflächen und das Dach von der statischen Funktion befreit sind.

Es wird Wert auf eine ortstypische Materialisierung gelegt. Wie bei den umliegenden Bauten schmücken Holzschindeln die Fassaden über dem Sockelgeschoss. Betonelemente mit vertikal vertieftem Relief fundamentieren das Gebäude. Die klar strukturierte Fenstereinteilung bringt Ruhe und Ordnung für alle Geschosse.

Die neue Dorfmitte wird mit der Symbolkraft eines Dorfbrunnens gefestigt und neu gestaltet. Rückwärtig säumt neu ein Carport den Strassenraum und schliesst damit eine Lücke in dem ansonsten markant gefassten Strassenzug.

Ein stattlicher Brunnen zierte einst das Dorfzentrum von Unteriberg.

Ehemaliges Restaurant Alpenhof

Situationsmodell 1:500

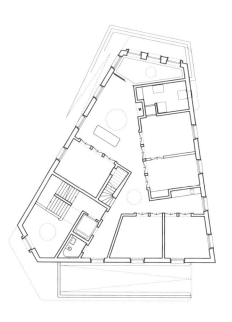 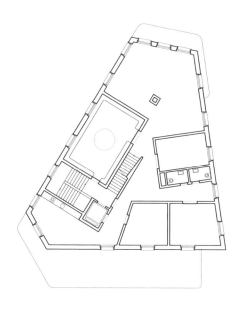

Auftraggeber:
Raiffeisenbank, Yberg
Auftragsart:
Wettbewerb, 1. Rang
Konstruktion:
Holz-Hybridbauweise
Team: Roman Hutter,
Stefan Roos, Harry Heyck,
Inigo Aya, Sara Sampaio
Kostenplanung: Büro für
Bauökonomie, Luzern
Bauleitung: Hänggi Bauma-
nagement, Schindellegi
Bauingenieur: HTB, Pfäffikon
Holzbauingenieur:
Pirmin Jung, Rain
Haustechnikplanung:
Zurfluh Lottenbach, Luzern
Elektroplanung:
Mettler, Seewen
Lichtplanung: Sommerlatte
& Sommerlatte, Zürich
Kunst am Bau: Ferit Kuyas,
Ziegelbrücke

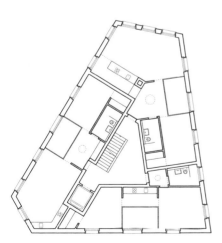

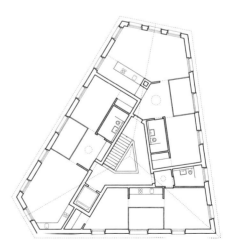

10 m

Werkverzeichnis (Auswahl)

2010   **1**   Projektwettbewerb Wohn- und Geschäftshaus, Küssnacht; 1. Rang [1]

                  Projektwettbewerb Werkhof, Niederernen; 2. Rang [2]

    2   Projektwettbewerb Stadtarchiv Luzern, Reussbühl; 2. Rundgang [3]

                  Wohnhaus, Reckingen (Seite 8)

2011   Machbarkeitsstudie Seerestaurant, Luzern [1]

    3   Projektwettbewerb Oberstufenschulhaus, Horw; 3. Rang [6]

                  Atelierhaus, Reckingen [4] (Seite 16)

                  Wohnhaus, Münster (Seite 24)

1

3

4

5

6

7

8

2013	9	Studienauftrag Wohnhäuser, Buchrain [7]
		Sanierung Majorhaus, Münster
	10	Studienauftrag Pfarrhaus und Dorfplatz, Hellbühl; 1. Rang [8+6]
	11	Projektwettbewerb Zentrumsbebauung, Rain; 2. Rang [9]
2014		Alterszentrum, Sursee (Seite 40)
		Studienauftrag Wohnhäuser Schönbühl, Emmen; 1. Rang [6] (Seite 46)
	12	Studienauftrag Lebensraum Klostergarten Wesemlin, Luzern [10+6]
	13	Projektwettbewerb Höhere Fachschule Gesundheit, Luzern [11+6]

9

10

11

2014   Studienauftrag Raiffeisenbank, Unteriberg; 1. Rang (Seite 50)

(Seite 50)

Städtebauliche Studie Thermaareal, Sursee [12]

14   Studienauftrag Wohnhäuser, Schlierbach

Zusammenarbeit mit:
[1] Schärli Architekten, Luzern, [2] Hans Keller, Münster, [3] Thomas Kohlhammer, Zürich,
[4] Carola Wiese, Darmstadt, [5] Lukas Baumann, Basel, [6] Fahrni Landschaftsarchitekten, Luzern,
[7] Büro Konstrukt, Luzern, [8] Hermann Limacher, Malters, [9] Hager Landschaftsarchitekten, Zürich,
[10] Cometti Truffer, Luzern, [11] lilin Architekten, Zürich, [12] GKS Architekten, Luzern

12

13

14

Roman Hutter

1978	geboren in Visp
1994–1998	Hochbauzeichnerlehre bei Keller & Hirschi, Münster
1998–1999	Technische Berufsmittelschule, Visp
1999–2002	Architekturstudium an der Hochschule Luzern, Architekt FH
2003–2006	Mitarbeit bei Schärli Architekten AG, Luzern
2006–2008	Architekturstudium an der Hochschule Luzern, Architekt MA
2007–2008	Architekturstudium an der TU Wien, Architekt MA
2008–2009	Mitarbeit bei Herzog & de Meuron, Basel
2010	eigenes Architekturbüro
2010–2011	Assistent an der Hochschule Luzern im Bachelor
2011–2012	Assistent an der Hochschule Luzern im Master
seit 2015	Nebenamtlicher Dozent an der Hochschule Luzern im Master
Mitarbeitende seit 2010	Erva Akyildiz, Inigo Aya, Clara Bidorini, Yvonne Birkendahl, Ilona Distel, Stefanie Girsberger, Harry Heyck, Mareika Hutter, Roman Hutter, Anne Janzen, Stefan Roos, Sara Sampaio

	Auszeichnungen
2014	Best Architects 15
2015	Best Architects 16 in Gold

	Vorträge
2012	Wohnhaus Reckingen. Lehrstuhl Charles Pictet, EPFL Lausanne
2013	Holzblockbauweise. Material Archiv, Hochschule Luzern
2015	Aus dem Ort geschöpft. BSA Zentralschweiz, Luzern
	Werkvortrag. Architekturforum Zürich

	Bibliografie
2011	Alberto Alessi: Um dreissig. Eingebettet, nicht losgelöst. In: Werk, Bauen + Wohnen, Nr. 12, Zürich. S. 26
2012	Manuel Pestalozzi: Ortstypisch. In: Architektur + Technik, Nr. 11, Schlieren. S. 34
	Bau der Woche. In: Swiss Architects, W29, Zürich
2013	Vis-a-Vis. In: Modulor, Nr. 7, Urdorf. S. 18
	Brigitta Schild: Blockbau im Obergoms. Nut und Kamm, Fuge und «Gwätt». In: Modulor, Nr. 3, Urdorf. S. 48
	Bau der Woche. In: Swiss Architects, W14, Zürich
2014	Atelierhaus in Reckingen. In: Best Architects 15. S. 54
2015	Bau der Woche. In: Swiss Architects, W13, Zürich
	Martin Klopfenstein: Prophet im eigenen Land. In: Werk, Bauen + Wohnen, Nr. 7/8, Zürich. S. 86

Finanzielle und ideelle Unterstützung
Ein besonderer Dank gilt den Institutionen und Sponsorfirmen, deren finanzielle Unterstützungen wesentlich zum Entstehen dieser Publikation beitragen. Ihr kulturelles Engagement ermöglicht ein fruchtbares Zusammenwirken von Baukultur, öffentlicher Hand, privater Förderung und Bauwirtschaft.

ERNST GÖHNER STIFTUNG

Gemeinnützige Gesellschaft
der Stadt Luzern

holzbau weger ag

Generalagentur Oberwallis	by Schneider Electric		
Basler Versicherungen AG Visp	Feller AG, Horgen	Glas Trösch AG, Bützberg	Holzbau Weger AG Münster-Geschinen

Quart Verlag Luzern

Anthologie – Werkberichte junger Architekten

Quart Verlag GmbH, Heinz Wirz CH-6006 Luzern
books@quart.ch, www.quart.ch